Armin Täubner

Neues vom Häschen Waldemar

Frech-Verlag Stuttgart

Weitere Täubner-Titel im Frech-Verlag:

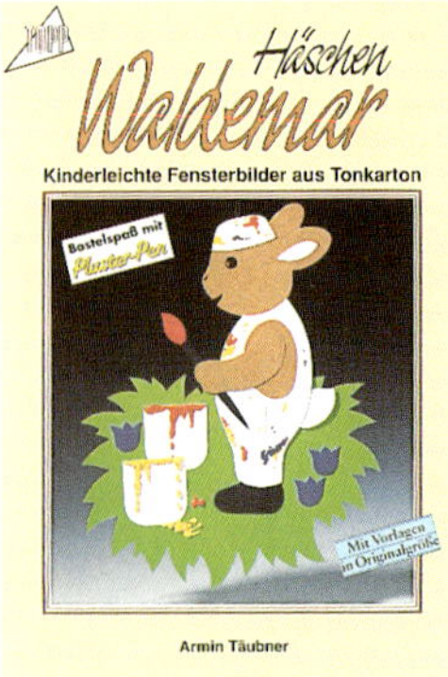

TOPP 1602

TOPP 1605

TOPP 1612

TOPP 1606

TOPP 1604

TOPP 1502

Fotos: Frech-Verlag GmbH + Co. Druck KG, D-70499 Stuttgart; Birgitt Gutermuth
Zeichnungen und Illustrationen: Armin Täubner

Auflage: 5. 4. 3. 2. 1. | Letzte Zahlen
Jahr: 1998 97 96 95 94 | maßgebend

frech-verlag GmbH + Co. Druck KG, D-70499 Stuttgart

ISBN 3-7724-1758-2 · Best.-Nr. 1758

Druck: Frech-Verlag GmbH + Co. Druck KG, D-70499 Stuttgart

„Gestatten, da bin ich wieder – ich, das Häschen Waldemar. Von Ostern will ich diesmal nicht berichten, denn ich habe viele andere Geschichten über das ganze Jahr auf Lager: Im Frühling spiele ich in den Tulpen Verstecken, im Sommer esse ich Eis und gehe schwimmen – zwar noch mit Schwimmring, aber immerhin! Im Herbst helfe ich bei der Pflaumenernte, und ich spiele so oft wie möglich mit meinem Brüderchen und den Entchen. Und dann gibt es ja auch noch Sabinchen... Auch als Clown trete ich manchmal auf. Außerdem gehe ich jetzt zur Schule – wollt Ihr meine Schultüte mal sehen? Wenn die Schule aus ist, gehe ich schnell nach Hause, denn dort gibt es meine Leibspeise Möhren.

Also, wie mögt Ihr mich am liebsten an Eurem Fenster?"

Zeichnungen siehe Vorlagenbogen

Auge und Nasenloch auf den Kopf malen sowie Zunge und Innenohr fixieren.
Den Kopf von hinten am blauen Kittel (gestrichelte Linie) befestigen. Von vorne den Hemdkragen und den Ärmel samt Pfote ankleben. Von hinten die Eistüte an der Pfote anbringen.
An die Hose den Schuh anlegen und den weißen Saum als Verbindungsstück aufkleben.
Die Hose samt Schwanz von hinten am Kittel fixieren. Mit Tuschefüller Nieten und Knöpfe aufmalen. Abschließend die weißen Konturen mit Plusterfarbe aufmalen.

Zeichnungen siehe Vorlagenbogen

Waldemar

Auf den Rumpf (durchgezogene Linie) zuerst die Hose samt Schwanz, dann den Pullover und schließlich den Ärmel kleben. An der Pfote von hinten die dreiteilige Tulpe fixieren. Das Innenohr befestigen.

Sabinchen

Auf den Rumpf das Kleid kleben. Am Kleid Ärmel und Schleife befestigen, am Kopf das Innenohr.

Beide Häschen wie auf dem Foto auf der Grünfläche anordnen. Abschließend Gesichter und Säume aufmalen.

Pflaumenernte

Zeichnungen siehe Vorlagenbogen

Auf den gelben Hut das rote Band malen und den Hut auf den Hasenkopf kleben. Auge und Nasenloch aufmalen.

Am Hut von vorne das zweiteilige Ohr und von hinten das andere Ohr befestigen.

Den Kopf von vorne auf das Hemd kleben. Am Hemd von hinten die Hose samt Schwanz und Schuh befestigen.

Zwei Pflaumen von hinten am Korb fixieren, eine von vorne befestigen.

Korb und Häschen auf die Grünfläche stellen und den Ärmel samt Pfote an Hemd und Korb befestigen.

Einige Ränder mit Pluster-Pen nachfahren.

Nicht so schnell, Waldemar!

Waldemar

Am Kopf Auge und Nasenloch aufmalen sowie das Innenohr aufkleben.
Den Kopf von hinten am Pullover befestigen. An der Hose mit einer schwarzen Linie die Beine abgrenzen und von vorne das Schwänzchen aufkleben. Nun die Hose von hinten am Hemd anbringen.
An die Hose die Schuhe anlegen und die weißen Säume aufkleben.

Brüderchen

Am Kopf ebenfalls das Gesicht aufmalen und das Innenohr anbringen. Nun den Kopf von hinten an der Strampelhose fixieren.
Die Hose mit Filzstift verzieren und den Schwanz mit einer schwarzen Linie abgrenzen.

Das Brüderchen auf Waldemars Rükken setzen. Jetzt kann Waldemars Ärmel samt Pfote angeklebt werden. Zum Schluß den Ärmel des Brüderchens anbringen.
Einige Konturen plustern.

Ergänzende Zeichnungen
siehe Vorlagenbogen

Ergänzende Zeichnungen siehe Vorlagenbogen

Kopf und Schwänzchen von vorne am Rumpf fixieren. Dann Waldemar von hinten an das größte der drei Einzelblätter kleben.
Auf dem dreiblättrigen Grünteil (durchgezogene Linie) zuerst die beiden Stengel befestigen, dann das mittelgroße Blatt mit den beiden Käfern.
Jetzt kann das Blatt mit Waldemar angebracht werden. Nun das kleinste Blatt samt einem Käfer fixieren.
Die Tulpenblüten werden zum Schluß angeordnet.

Stehauf-Häschen

Zeichnungen siehe Vorlagenbogen

Das weiße Hemdteil mit Filzstift verzieren und auf den Hasenrumpf kleben. Nun das Hasengesicht aufmalen und das helle Ohrteil anbringen. Waldemar von hinten an der Eierschale fixieren. Abschließend das linke Vorderbein sowie Ohr und Kragenlinie plustern.

Du bist aber weich!

Am roten Eierschalen-Hosenteil (durchgezogene Linie) von vorne die blaue Jacke fixieren. Von vorne Hasenkopf samt Innenohr und Ärmel samt Pfote anbringen.
Nun am Kükenkopf Auge und Schnabel auf- bzw. anmalen. Das Küken und den schwarzen Schuh samt Schwänzchen von hinten am Eierschalen-Hosenteil befestigen. Abschließend noch den Kükenflügel aufkleben. Waldemar bekommt noch rote Pluster-Knöpfe; die Konturen werden ebenfalls mit Plusterfarbe nachgezogen.
Zeichnungen siehe Vorlagenbogen

Manege frei für Clown Tolpatsch!

Zeichnungen siehe Vorlagenbogen

Den Kopf an den roten Rumpf (gestrichelte Linie) anlegen und die weiße Halskrause aufkleben.
Als nächstes Pappnase, Hütchen und Innenohr am Kopf fixieren.
Das Auge und das Gummiband an der Pappnase aufmalen. Am Hosenteil durch eine schwarze Linie den Schwanz abgrenzen.
Die Streifen auf der Hose mit Filzstift aufmalen, dann die Hose auf den Rumpf kleben. Den Pompon auf der Schuhspitze befestigen.
Anschließend die Pfote an den Ärmel legen und den weißen Saum anbringen. Den Ärmel am Rumpf befestigen.
Von hinten den Stock an der Pfote ankleben.
Den Stock mit Filzstift bemalen. Mit Pluster-Pen Akzente setzen.

Ein Kleckschen in Ehren...

Ergänzende Zeichnungen
siehe Vorlagenbogen

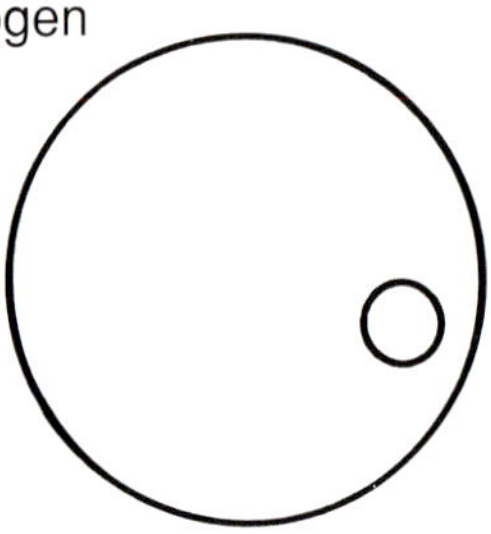

Am Schirm von hinten den Stock fixieren. Als nächstes den Kopf auf den gelben Pullover kleben. Den Schirm von vorne an Kopf und Pullover befestigen.
Nun den Ärmel samt Pfote anbringen. An der Hose von hinten Schuh, Schwanz und Ball ankleben und die Hose von hinten am Pullover befestigen. Waldemar auf die Grünfläche setzen.
Das Entchen als ein Teil ausschneiden. Gesicht, Flügel und Fuß auf- bzw. anmalen. Der Klecks wird ebenfalls mit deckender weißer Farbe aufgemalt, Pluster-Pen-Akzente werden zum Schluß gesetzt.

ABC-Schütze Waldemar

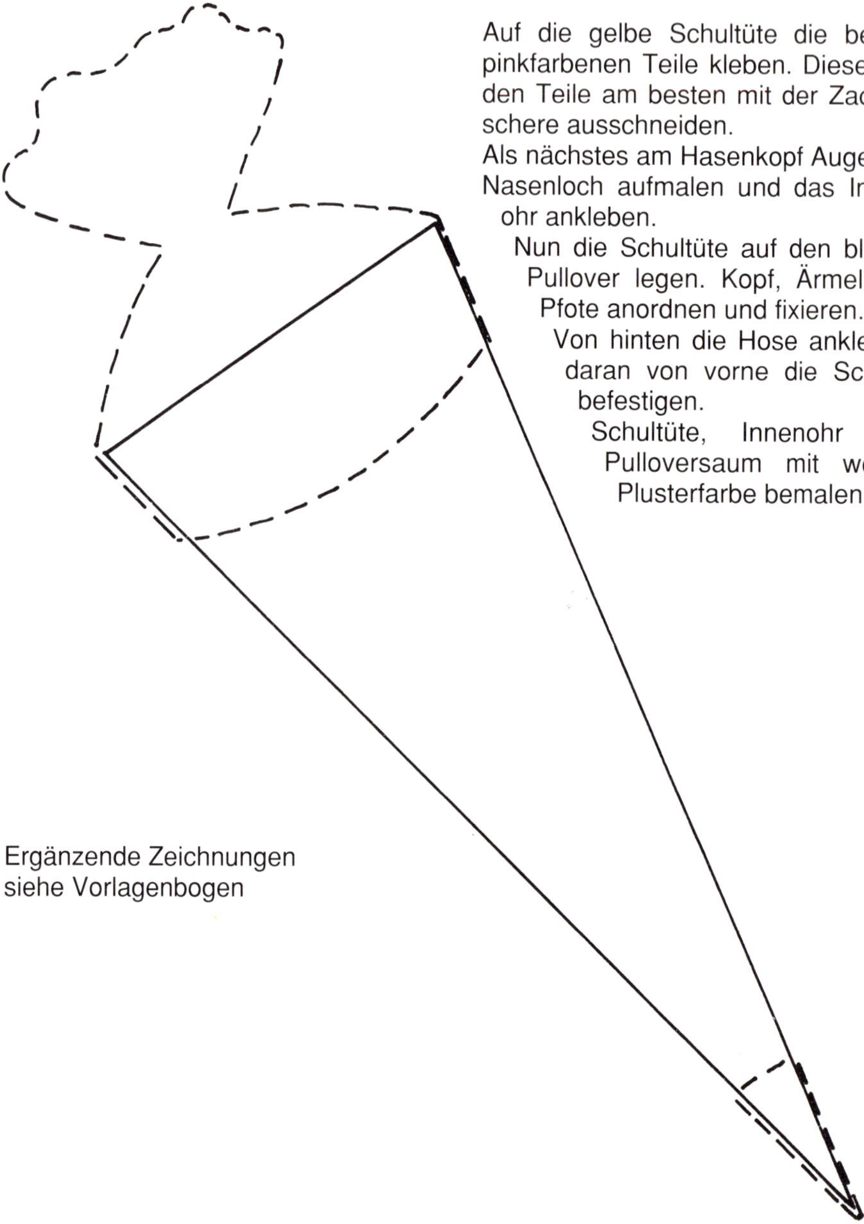

Auf die gelbe Schultüte die beiden pinkfarbenen Teile kleben. Diese beiden Teile am besten mit der Zackenschere ausschneiden.

Als nächstes am Hasenkopf Auge und Nasenloch aufmalen und das Innenohr ankleben.

Nun die Schultüte auf den blauen Pullover legen. Kopf, Ärmel und Pfote anordnen und fixieren.

Von hinten die Hose ankleben, daran von vorne die Schuhe befestigen.

Schultüte, Innenohr und Pulloversaum mit weißer Plusterfarbe bemalen.

Ergänzende Zeichnungen siehe Vorlagenbogen

Endlich ist die Schule aus

Zeichnungen siehe Vorlagenbogen

Den Kopf an das gelbe Rumpfteil (gestrichelte Linie) anlegen und den Rollkragen (punktierte Linie) aufkleben. Anschließend die Mütze und das zweiteilige Ohr befestigen.

Auge und Nasenloch aufmalen. Am Schulranzen mit einem schwarzen Filzstift im oberen Bereich die halbmondförmige Öffnung aufmalen.

Das Schwämmchen bzw. den Lappen für die Tafel ankleben.

Nun den Ranzen am Hasenrücken befestigen und die Ärmel anbringen.

Am gelben Pullover von hinten die Hose ankleben.

Schwänzchen und Schuhe fixieren.

Mit einem feinen, schwarzen Stift die Hosenbeine abgrenzen.

Den gelben Faden für das Schwämmchen mit Plusterfarbe aufmalen. Den Mützenpompon sowie einige Konturen plustern.

Zeichnungen siehe Vorlagenbogen

Den Kopf von hinten am Hemd fixieren. Nun die Mütze aufsetzen und das Ohr samt Innenohr anbringen.
Am Hemd den rechten Ärmel mit einer schwarzen Linie abgrenzen. Als nächstes den Hemdkragen und den Ärmel samt Arm anbringen. Von hinten den rechten Arm ankleben.
Die Möhre am Hasenkopf fixieren. Nun das Blattgrün an Möhre und Arm anbringen. Anschließend die rechte Pfote befestigen.
Am Hemd von hinten die Hose ankleben, Schwanz und Schuhe fixieren. Hosenbeine und Schuhe jeweils durch eine schwarze Linie trennen und mit Pluster-Pen Akzente setzen.

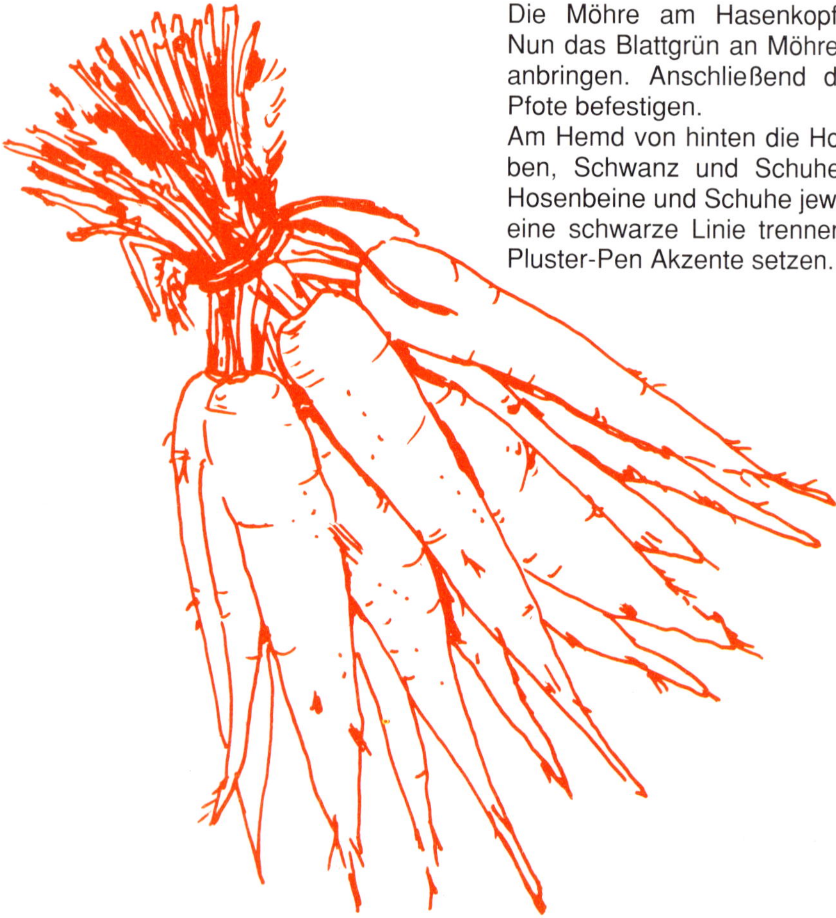

Ergänzende Zeichnungen siehe Vorlagenbogen

Beim Auto das Lenkrad schwarz anmalen. Die Stoßstangen, die Lichter und die zweiteiligen Räder anbringen.

Am Hasenrumpf den hellgrünen Anzug samt Ärmel sowie das Innenohr fixieren. Den Hasen auf das Auto setzen.

Mit Pluster-Pen einige Akzente setzen.

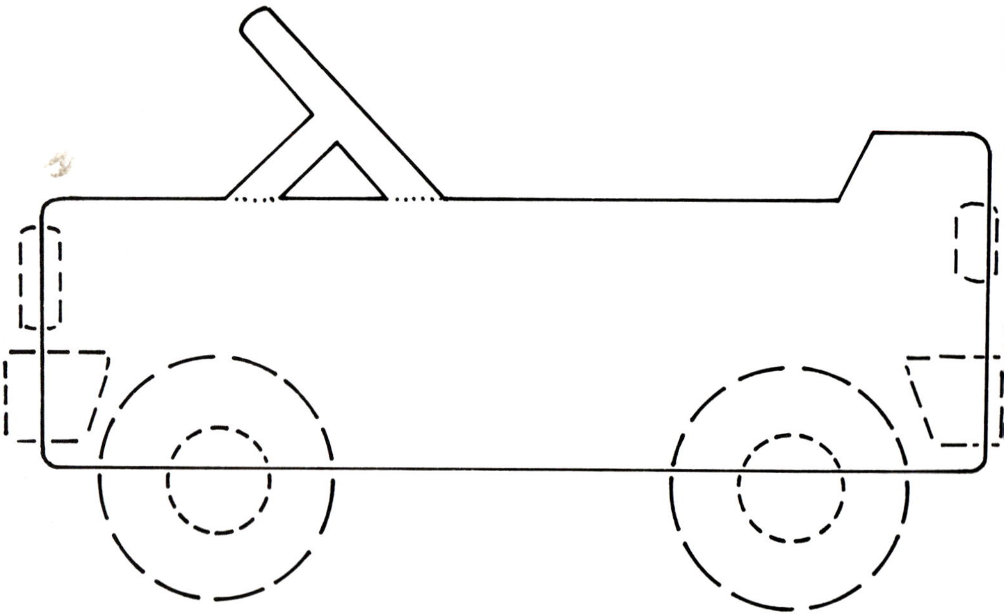

Das erste Veilchen

Zeichnungen siehe Vorlagenbogen

Am Kopf das Gesicht aufmalen und das helle Ohrteil aufkleben.
An der roten Jacke von vorne Kopf und Ärmel, von hinten die Hose samt Schwanz und Fuß anbringen.
Das Häschen auf die Grasfläche setzen. Das Blatt-Stiel-Teil des Veilchens zwischen Knie und Hasenpfote kleben. Zum Schluß die zweiteilige Blüte anbringen.
Das Bild mit Pluster-Pen überarbeiten.

Ist das ein Straußenei?

Am Kopf Auge und Nase aufmalen und das weiße Innenohr befestigen.
Nun den Kopf am blauen Rumpf ankleben.
Die Hosenbeine durch eine schwarze Linie abgrenzen.

Am Rumpf von vorne den Ärmel samt Pfote, von hinten Schuhe und Schwänzchen anbringen. Das Ei auf das Grasbüschel kleben und davor die Blüten anordnen.

Zum Schluß das Häschen auf das Ei setzen.
Blümchen, Schwanz und Innenohr mit Pluster-Pen verzieren.

Zeichnungen siehe Vorlagenbogen

Ab ins kühle Naß!

Mit einem Tuschefüller Waldemars Gesicht aufmalen und die Trennlinie zwischen den Hinterbeinen einzeichnen. Badehose und Schwanz als ein Teil ausschneiden und durch eine schwarze Linie voneinander abgrenzen. Mit Filzstiften die Badehose verzieren und diese dann am Rumpf fixieren.

Bei der Gummiente das Gesicht auf- und den Schnabel anmalen. Der Stöpsel kann entweder aufgemalt oder aufgeklebt werden.
Die Ente am Häschenrumpf befestigen und zum Schluß Waldemars Vorderbein anbringen.
Zeichnungen siehe Vorlagenbogen

Material:
- Ton- und Fotokarton in verschiedenen Farben, Gewicht 250-300 g/qm
- Weißes Transparentpapier (Architektenpapier)
- Butterbrotpapier für Schablonen

Werkzeug:
- Mittelgroße, spitze Schere
- Nagelschere
- Cutter mit Schneideunterlage
- Zirkel; Geo-Dreieck; Klebstoff
- Bleistift; Kugelschreiber
- Vorstechnadel zum Einstechen der Aufhängelöcher
- Garn

Abpausen und Übertragen der Motive:
Es gibt zwei Möglichkeiten:

1. Schablonen herstellen
Die einzelnen Teile werden ohne Überschneidungen von der Schnittvorlage abgepaust. Die gepausten Teile nun auf einen dünnen Karton kleben und exakt ausschneiden. Diese Schablonen werden auf den Tonkarton gelegt und die Umrisse mit Bleistift nachgezogen.

2. Direktübertragung auf Tonkarton
Die Teile der Schnittvorlage werden mit Bleistift auf kräftiges weißes Transparentpapier gepaust. Dieses Papier direkt auf den Tonkarton legen. Mit Kugelschreiber werden die Umrisse der Einzelformen nachgezogen. Die Konturen drücken sich in den Karton ein und können direkt ausgeschnitten werden.

Gestaltung von Vorder- und Rückseite des Fensterbildes:
Im Buch wird stets beschrieben, wie die Vorderseite des Fensterbildes gearbeitet wird. Bei frei hängenden Motiven werden die meisten Teile doppelt ausgeschnitten und in derselben Reihenfolge wie auf der Vorderseite, jedoch spiegelverkehrt, angeklebt.

Plustern
Mit Plusterfarben malen, die Farbe gut trocknen lassen – evtl. sogar über Nacht – und dann schräg von der Seite fönen. Fertig ist das Plusterbild!

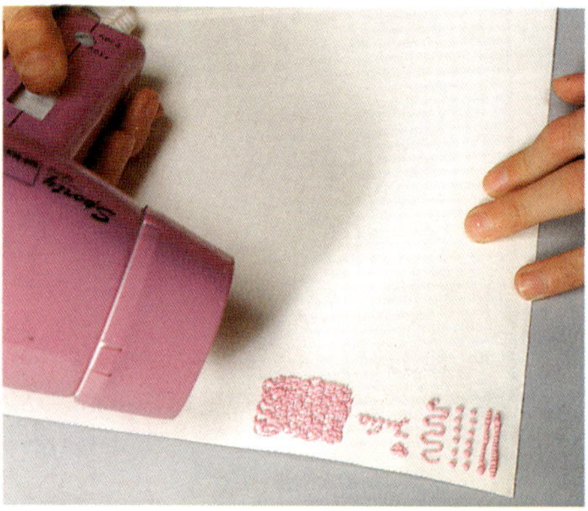